Tatjana Herleth

Mitarbeiterbindung durch Belegschafts-Versicherungen

Möglichkeiten und Grenzen privater Versicherungen als Anreizinstrumente im Retention-Management

AF143376

IGEL Verlag

Herleth, Tatjana

**Mitarbeiterbindung durch Belegschafts-
Versicherungen**

Möglichkeiten und Grenzen privater Versicherungen als
Anreizinstrumente im Retention-Management

1. Auflage 2008 | ISBN: 978-3-86815-056-8

© IGEL Verlag GmbH , 2008. Alle Rechte vorbehalten.

Die Deutsche Bibliothek verzeichnet diesen Titel in der
Deutschen Nationalbibliografie. Bibliografische Daten
sind unter http://dnb.ddb.de verfügbar.

IGEL Verlag

Inhaltsverzeichnis

Abbildungs- und Tabellenverzeichnis

Abbildungsverzeichnis

Tabellenverzeichnis

Abkürzungsverzeichnis

a.a.O.	am angegebenen Ort
Art.	Artikel
bzgl.	bezüglich
bzw.	Beziehungsweise
d.h.	das heißt
ebd.	ebenda
ehem.	ehemalig
FH	Fachhochschule
ggf.	Gegebenenfalls
HGB	Handelsgesetzbuch
Hrsg.	Herausgeber
i.d.R.	in der Regel
i.w.S.	im weiteren Sinne
Jg.	Jahrgang
Jh.	Jahrhundert
o.g.	oben genannte(n)
o.J.	ohne Jahresangabe
Prof.	Professor
s.	siehe
S.	Seite(n)
sog.	sogenannte(n)

u.a.	und andere
u.a.	unter anderem
u.U.	unter Umständen
usw.	und so weiter
z.B.	zum Beispiel
z. Zt.	zur Zeit

1 Einleitung

Bereits zu Zeiten hoher Arbeitslosenzahlen war bundesweit die Rede vom drohenden Fachkräftemangel, an dem deutsche Unternehmen einerseits aus rein demografischen Gründen, andererseits aber auch durch langjährige Vernachlässigung einer nachhaltigen Ausbildungskultur zu leiden haben werden. Im internationalen Wettbewerb mit aufstrebenden Schwellenländern, die dieses Problem aufgrund ausreichend qualifiziertem Nachwuchs (noch) nicht tangiert, ist es für den Erhalt einer wettbewerbsfähigen betrieblichen Leistungs- und Innovationsfähigkeit unerlässlich, gutes Personal ins Unternehmen aufzunehmen und auch dort zu behalten. Die oft verwendeten Ausdrücke „war for talents" und „retain the best" drücken klar die Priorität dieser Personalmanagementaufgaben aus. Sie zielen jedoch primär auf die sog. ‚High Potentials' bzw. hochqualifizierten Arbeitskräfte, die anhand ihrer häufig in der Unternehmensführung liegenden Präsenz bevorzugt Mittelpunkt diverser Studien zum Thema Mitarbeiterbindung sind.

Doch auch in den Rängen der ausführenden Arbeit gewinnt die Verbesserung der

Mitarbeiterbindung aus Kosten- und Wettbewerbsgründen an Bedeutung. Neben einem akuten Ingenieurmangel beklagen deutsche Firmen immer häufiger auch einen steigenden Bedarf an Facharbeitern. Umso wichtiger ist es also für Unternehmen, ökonomische Wege zu finden, ihre Attraktivität als Arbeitgeber für neue und bereits vorhandene Mitarbeiter zu steigern – denn jeder im Unternehmen beschäftigte Mitarbeiter geht der Konkurrenz als potenzieller Leistungsfaktor verloren und stärkt damit die eigene Marktposition.

Den Unternehmen stehen ganze Bündel von möglichen Maßnahmen zur Verfügung, mit denen sie der Bewältigung dieser zentralen personalpolitischen und für den dauerhaften Unternehmenserfolg relevanten Aufgabe begegnen können. Die vorliegende Untersuchung befasst sich mit der Fragestellung, ob und inwiefern auch das Angebot von privaten Versicherungsprodukten als Instrument des Retention-Managements geeignet ist, eine Wirkung hinsichtlich der Beitritts- und Verbleibensmotivation der Mitarbeiter zu zeigen.

2 Begriffsklärungen

Aus dem Titel der vorliegenden Untersuchung ergeben sich die drei begrifflichen Schwerpunkte ‚Retention-Management', ‚Anreizinstrumente' und ‚private Versicherungen', die im Vorfeld weiterer Betrachtungen vor dem Kontext der zentralen Fragestellung zu definieren und einzugrenzen sind.

2.1 Retention-Management

2.1.1 Definition

Der Begriff ‚Retention' geht auf „*lat. retentio = das Zurückhalten*"[1] zurück und stammt im heute üblichen Sprachgebrauch aus dem Englischen (retention = Einbehaltung, Zurückbehaltung). Der Begriff wurde im deutschsprachigen Raum überwiegend im naturwissenschaftlich-medizinischen Kontext genutzt und als „*Zurückhaltung von auszuscheidenden Stoffen im Körper*"[2] erklärt. Im

---

[1] Duden – Deutsches Universalwörterbuch. Zuletzt abgerufen am 28.12.2007 unter http://www.dudensuche.de/suche/artikel.php?shortname=fx&artikel_id=133996
[2] Duden (2000): Die deutsche Rechtschreibung. 22. Aufl., Mannheim

wirtschaftswissenschaftlichen Sprachgebrauch – und dort insbesondere im Personalmanagement – findet der Begriff erst seit wenigen Jahren wachsende Verwendung und meint in diesem Kontext die Mitarbeiterbindung.

Der Begriff ‚Management' wird wissenschaftlich „(...) *im handlungsorientierten Konzept als Gesamtheit der Handlungen verstanden, die auf die bestmögliche Erreichung der Ziele einer Institution und der an ihr beteiligten Interessengruppen gerichtet sind.*"[3]

Unter dem Begriff ‚Retention-Management' ist somit die Summe aller Maßnahmen eines Unternehmens zu verstehen, die der Erreichung des Ziels der bestmöglichen Mitarbeiterbindung an das Unternehmen dienlich sind. In älterer Literatur wird manchmal noch der Begriff ‚Personalerhaltung' verwendet, gemeint ist aber sinngemäß immer das gleiche: ein Bündel von Maßnahmen zur Mitarbeiterbindung.[4] Der Hauptfokus liegt dabei

---

[3] Meyers Lexikon Online 2.0. Zuletzt abgerufen am 28.12.2008 unter http://lexikon.meyers.de/ meyers/Management

[4] Vgl. Kossbiel, Hugo: Personalwirtschaft. In: Bea, F. X. u. a. (Hrsg.): Allgemeine Betriebswirtschaftslehre, Band 3: Leistungsprozess. 9. Aufl., Stuttgart 2006, S. 522

auf der Verhinderung einer Austrittsent-
scheidung der vorhandenen Mitarbeiter,
kann sich aber auch auf die Entscheidung von Mitarbeitern zum Beitritt in das
Unternehmen beziehen.[5] Die im Retention-Management verwendeten Maßnahmenbündel werden auch (Mitarbeiter-)
Retention-Programme genannt.

2.1.2 Ursprung und Entwicklung

Zu Zeiten der Industrialisierung wurden
Unternehmen noch patriarchalisch geführt und die Bindung der Mitarbeiter re-
sultierte aus der damals verbreiteten gesellschaftlichen Wertvorstellung der tradi-
tionell üblichen Loyalität gegenüber dem
Arbeitgeber, aber auch zu großen Teilen
aus dessen Selbstverständnis einer „vä-
terlichen" Verantwortung gegenüber seinen Untergebenen. Bis weit in das 20. Jh.
hinein waren lebenslange Arbeitsbezieh-
hungen zwischen einem Arbeitgeber und
seinen Mitarbeitern durchaus nicht un-
gewöhnlich.

---

[5]   Vgl. Hentze, Joachim: Personalwirtschaftslehre
2, Personalerhaltung und Leistungsstimulation, Personalfreistellung und Personalinformationswirtschaft. 5. Aufl., Bern 1991, S. 20-21

In den früh einsetzenden Bemühungen um betriebliche Sozialleistungspolitik erkennt man bereits die Ansätze zur Entwicklung einer modernen Personalpolitik: der Arbeitgeber „kümmert sich" um die Mitarbeiter und erwartet dafür Loyalität und Leistung. Beispiele für derartige Zuwendungen sind Werkswohnungen, Werkskantinen, medizinische Dienste usw. Der erwartete kausale Zusammenhang zwischen einer Maßnahme des Arbeitgebers und der resultierenden Mitarbeiterzufriedenheit ist offensichtlich. Er hat den ökonomischen Hintergrund, mit der besseren Zufriedenheit der Mitarbeiter höhere Leistungen (Produktivität) und eine bessere Rentabilität (Kostensenkung bzgl. Fehlzeiten und Fluktuation) zu erreichen.[6] Historisch betrachtet wird die Gewährung zusätzlicher Zuwendungen der Arbeitgeber rasch ein fester und verbreiteter Bestandteil der Entgeltpolitik, zumal die Arbeitgeber häufig im gegenseitigen Wettbewerb um gute Mitarbeiter stehen. Mit dem einsetzenden gesellschaftlichen Wertewandel sinkt jedoch die traditionelle Loyalität von Mitarbeitern zum Arbeitgeber, so dass Mitarbeiter im

---

[6] Vgl. Grawert, Achim: Die Motivation der Arbeitnehmer durch betrieblich beeinflussbare Sozialleistungen. München 1989, S. 24-27

Laufe eines Arbeitslebens häufiger den Arbeitgeber wechseln als früher. Auch eine größere Anzahl von Arbeitgebern im Lebenslauf eines Mitarbeiters gelten nicht mehr als Makel. Diese Entwicklung verursacht u.a., dass oftmals die vom Arbeitgeber in den Mitarbeiter investierten Kosten für Aus- und Weiterbildung nach dessen Ausscheiden der Konkurrenz nützen und damit für den Arbeitgeber sog. ‚sunk costs' darstellen. Durch gezieltes Retention-Management wird versucht, diese Verluste zu verhindern.

2.1.3 Bedeutung im betrieblichen Human-Resource-Management

Bei Betrachtung der personalwirtschaftlichen Hauptproblembereiche lässt sich Retention-Management dem Bereich der Wirksamkeit zuordnen. In der Systematik der personalwirtschaftlichen Instrumente ist das Retention-Management Teil der zentralen Instrumente, lässt sich jedoch nicht eindeutig weiter zuordnen, da es sich dabei wie bereits erwähnt nicht um eine Einzelmaßnahme, sondern i.d.R. um ein Maßnahmenbündel handelt. Einerseits ist die Personalbeschaffung als Teil der Personalausstattungsplanung ein Element der Personalpotenzialdisposition, so dass Retention-Maßnah-men, welche auf die Gewinnung von Mitarbeitern zielen, sich hier wiederfinden. Andererseits liegt der klassische Schwerpunkt der Retentions-Zielsetzung – nämlich die Vermeidung von Austrittsentscheidungen der Mitarbeiter – im Bereich der Personalverhaltensbeeinflussung durch Maßnahmen der Anreizgestaltung.[7]

Das Spannungsfeld, in welchem heutzutage Personalbereiche agieren, verbindet die allgegenwärtige Aufgabe der Rationalisierung durch Personalabbau mit der Herausforderung, gleichzeitig wichtige Leistungsträger im Unternehmen zu halten. Aber auch die Erhöhung der durchschnittlichen Beschäftigungsdauer auf der breiten Basis aller Mitarbeiter hat einen positiven Kosteneffekt, weil Fluktuationskosten vermieden und ‚sunk costs' reduziert werden können. Neben diesen rein quantitativen Zielen, die sich auf Rentabilität und Produktivität des Unternehmens beziehen, wirkt eine gezielte Mitarbeiterbindung auch auf qualitative Ziele, wie z.B. ein positives Unternehmensimage hinsichtlich Stabilität und Erfolgspotenzial.

---

[7] Vgl. Kossbiel, Personalwirtschaft, a. a. O., S. 522

Gemäß der Kienbaum Retention-Studie 2001, an der sich 67 der 200 umsatz-stärksten Unternehmen Deutschlands beteiligten, sprechen 91 % der Teilneh-mer dem Retention-Management generell eine „eher große" bis „große" Bedeutung zu. Bezogen auf die Entwicklung des ei-genen Unternehmens steigt diese Ein-schätzung der Bedeutung sogar auf 94 %. Erstaunlicherweise haben jedoch nur 22-36 % der Unternehmen Mitarbeiter-bindung als Ziel in ihrer Unternehmens- bzw. Führungsstrategie und ihrem Leit-bild formuliert. Andererseits haben rund zwei Drittel sie als Ziel in der Personal-strategie verankert. Da sich selbige aus der Unternehmensstrategie ableitet, wird damit implizit die Mitarbeiterbindung als relevantes Element zur Erreichung der Unternehmensziele bewertet. Trotzdem verfügen nur rund 50 % der Unterneh-men über Retention-Programme und in 80 % der Unternehmen gibt es kein spezi-fisches Budget für das Retention-Manage-ment.[8] Zusammengefasst sollte also das optimale Retention-Management-Modell Anreizinstrumente enthalten, die dem

---

[8] Vgl. Kienbaum Management Consultants GmbH (Hrsg.): Kienbaum Retention-Studie 2001. Gummersbach 2002, S. 7-9

Unternehmen möglichst wenige Kosten verursachen.

2.2 Anreizinstrumente

2.2.1 Definition

Der Begriff 'Anreiz' wird definiert als *„etwas, was jemandes Interesse erregt, ihn motiviert, etwas zu tun"*.[9] Damit wird er u.a. als Synonym für einen motivationswirksamen Stimulus benutzt. Das 'Instrument' ist definiert als *„etwas als Mittel, dessen man sich (wie eines Werkzeuges) zur Ausführung von etwas bedient"*.[10] Ein Anreizinstrument ist demzufolge i.w.S. ein Werkzeug oder eine Maßnahme, die geeignet ist, eine Motivation bei einer Person auszulösen.

Der subjektive Wert eines Anreizes beruht einerseits auf dessen bewusster Wahrnehmung durch die betroffene Person – was bereits durch die individuelle Einstel-

---

[9] Duden – Deutsches Universalwörterbuch. Zuletzt abgerufen am 28.12.2008 unter http://www.dudensuche.de/suche/artikel.php?shortname=fx&artikel_id=7480

[10] Duden – Deutsches Universalwörterbuch. Zuletzt abgerufen am 28.12.2008 unter http://www.dudensuche.de/suche/artikel.php?shortname=fx&artikel_id=79537

lung der Person beeinflusst sein kann; andererseits basiert der Anreizwert auf der individuellen Bedürfnisstruktur und dem Wertesystem einer Person. Von einem Anreiz wird dann eine motivierende Wirkung ausgehen, wenn er in der Wechselwirkung zwischen persönlicher Wertestruktur, persönlicher Bedürfnissituation und bedürfnisbezogen gefilterter Wahrnehmung als zur Befriedigung der persönlichen Motive geeignet anerkannt wird und zu einer entsprechenden Zufriedenheit führt. Diese Einschätzung ist immer subjektiv; man kann jedoch aus objektiv ähnlichen Bedürfnissen Rückschlüsse auf ggf. objektiv wirksame Anreize ziehen.[11]

2.2.2 Formen personalpolitischer Anreizinstrumente

In der klassischen Betrachtungsweise lassen sich Anreize grundsätzlich in monetäre (materielle) und nichtmonetäre (immaterielle) Anreize unterteilen (s. Abb. 1). Während die monetären Anreize i.d.R. einen messbaren Geldwert repräsentieren und direkt von Arbeitgeber beeinflusst werden können, sind die nichtmonetären

---

[11] Vgl. Grawert, a. a. O., S. 73-89

Anreize eher abstrakter, nicht mit einem Geldwert mess- oder vergleichbarer Natur und können nicht immer durch den Arbeitgeber beeinflusst werden (z.B. Anerkennung, soziale Kommunikation). Neuere Ansätze unterscheiden neben den beiden genannten Kategorien auch noch soziale Anreize. Hierzu zählen u.a. eine Identifikation stiftende Unternehmenskultur oder eine offene Informationspolitik.[12] Durch ihren immateriellen Charakter stellen diese jedoch lediglich eine Unterkategorie der nichtmonetären Anreize dar.

2.2.3 Anreizinstrumente im Retention-Management

Grundsätzlich können alle möglichen Anreize im Rahmen des Retention-Managements als Teil des Maßnahmenbündels Verwendung finden. Welche Anreizinstrumente aus o.g. Kategorien zur Erhöhung der Mitarbeiterbindung besonders geeignet sind, hängt jeweils von der individuellen Motivationswirkung ab. Noch immer gilt die anerkannte Tatsache,

---

[12] Vgl. Szebel-Habig, Astrid: Mitarbeiterbindung – Auslaufmodell Loyalität? Mitarbeiter als strategischer Erfolgsfaktor. Weinheim 2004, S. 88

dass Geld allein auf Dauer nicht motivierend wirkt. Man muss jedoch differenzieren: in einer DGFP-Studie (Deutsche Gesellschaft für Personalführung e.V.) wird bei der Frage nach den Erwartungen an einen ‚idealen' Arbeitgeber immerhin von 78 % der Teilnehmer ein „dem geleisteten Beitrag angemessenes Gehalt/Lohn" und von 53 % „Sozial-/Nebenleistungen, die persönliche/familiäre Bedürfnisse abdecken" genannt.[13] Auch die Towers Perrin Global Workforce Study in 2005 für Deutschland kommt zu dem Ergebnis, dass unter den Top-Ten Treibern der Mitarbeiterbindung eine faire Vergütung und angemessene Nebenleistungen immerhin die Plätze 4 und 5 belegen. Bemerkenswert ist, dass diese monetären Aspekte in der Vorjahresstudie noch keine Rolle spielten.[14] Die Spitzenplätze werden zwar von nichtmonetären Anreizen wie der Transparenz von Karrierewegen, Entscheidungsspielräumen und dem Unternehmensimage belegt; es zeigt sich aber tendenziell eine wieder wachsende Bedeu-

---

[13] Vgl. DGFP Deutsche Gesellschaft für Personalführung e.V.: Was Arbeitgeber attraktiv macht. Düsseldorf 2004, S. 14

[14] Vgl. Sebald, Harriet / Enneking, Andreas: Towers Perrin Global Workforce Study - Deutschland. Frankfurt 2006, S. 16-17

tung monetärer Anreize als Instrumente der Mitarbeiterbindung.

Wenn also Anreize über die Befriedigung von Bedürfnissen wirken, würde der empirisch festgestellte Trend auf gestiegene monetäre Bedürfnisse deutscher Arbeitnehmer schließen lassen. Die negative Entwicklung der Reallöhne sowie die gestiegenen Konsumkosten (z.B. durch Mehrwertsteuererhöhung) bestätigen diesen Eindruck und belegen den Zusammenhang zwischen Bedürfnissen und Anreizwirkungen. Für ein wirksames Retention-Management ist es also sinnvoll, sich wieder mit der Nutzung überwiegend monetärer Anreize zu befassen. Wesentliche Instrumente, wie betriebliche Sozial- und Zusatzleistungen, wurden bei der Fokussierung auf nichtmonetäre Anreize im Verlauf der letzten 30 Jahre immer weiter abgebaut, erleben jedoch aktuell ein wiederkehrendes Interesse der Arbeitgeber. Gemäß dem im Abschnitt 2.1.3 festgestellten Ziel, im Retention-Management möglichst kostenneutral zu agieren, ergibt sich als Anforderung an die entsprechenden Instrumente:

Es soll dem Mitarbeiter Geld bringen, darf aber möglichst wenig kosten.

2.3 Private Versicherungen

2.3.1 Definition

Nach der für wirtschaftswissenschaftliche Erklärungen vorherrschenden Bedarfstheorie ergibt sich folgende Definition für den Begriff ‚Versicherung': *„Versicherung ist die Deckung eines im einzelnen ungewissen, insgesamt jedoch schätzbaren (Geld-)Mittelbedarfs auf der Grundlage des Risikoausgleichs im Kollektiv und in der Zeit."* [15]

Private Versicherungen i.w.S. werden von privaten Versicherungsunternehmen betriebenen und sind im allgemeinen Sprachgebrauch mit dem Begriff der Individualversicherung gleichzusetzen.[16] Diese werden in Eigeninitiative individuell unter Berücksichtigung des Risikos und der Bedürfnisse des Einzelnen bei einem Versicherungsunternehmen nach freier Wahl abgeschlossen. Nur für wenige Zweige besteht eine gesetzliche Versicherungspflicht (z.B. Kraftfahrzeug-Haft-

---

[15] Vgl. Farny, Dieter: Versicherungsbetriebslehre. Karlsruhe 1989, S. 13
[16] Vgl. Koch, Peter (Hrsg.): Gabler Versicherungslexikon. Wiesbaden 1994, S. 643

pflicht-Versicherung).[17] Die Vertragspartner sind im Sinne dieser Definition eine natürliche Person als Versicherungsnehmer (oder mehrere, z. B. Eheleute, Erbengemeinschaft) und ein privates Versicherungsunternehmen als Versicherer und Risikoträger.

2.3.2 Abgrenzung zu gesetzlichen und betrieblichen Versicherungen

Die gesetzlichen Versicherungen (Sozialversicherungen) unterscheiden sich von den privaten dahingehend, dass Sie auf einer an bestimmte Merkmale (z.B. Beschäftigung) geknüpften Versicherungspflicht beruhen. Die finanziellen Beiträge sind abhängig vom Einkommen und werden nicht nur vom Versicherten, sondern auch durch den Arbeitgeber geleistet. Die Träger dieser Versicherungszweige sind öffentlich-rechtliche Körperschaften mit Selbstverwaltung. Beispiele sind die gesetzliche Renten-, Kranken- oder Unfallversicherung.[18]

Neben der Sozialversicherung spielen betriebliche Versicherungen im Arbeitsleben eine wichtige Rolle. Sie gehen zurück auf

---

[17] ebd., S. 408
[18] ebd., S. 785

sozialpolitische Maßnahmen verantwortungsbewusster Unternehmer, die im 19. Jh. Vorsorgeeinrichtungen für ihre Belegschaften schufen. Durch die Rechtssprechung unterstützt, haben diese sich zu wichtigen Modellen mit Versorgungs- und Entgeltcharakter entwickelt. Unter dem Oberbegriff der Betrieblichen Altersversorgung werden in Abhängigkeit von der Trägerschaft und der Art der Beitragsfinanzierung verschiedene Formen differenziert.[19] Aber auch eine durch den Arbeitgeber finanzierte Gruppenunfallversicherung zählt zu den betrieblichen Versicherungen. Wichtigstes Abgrenzungsmerkmal zu privaten Versicherungen ist, dass der Arbeitgeber die Funktion des Versicherungsnehmers einnimmt und der Arbeitnehmer lediglich die Rolle des Versicherten bzw. Begünstigten hat.

2.3.3 Private Versicherungen in der betrieblichen Sozialleistungspolitik

In der Praxis der betrieblichen Sozialleistungspolitik haben sich betriebliche Versicherungen mehrheitlich durchgesetzt. Durch die grundlegende Versicherungs-

---

[19] ebd., S. 147

17

nehmer-Funktion des Arbeitgebers wird dessen Rolle als Urheber der Leistung betont und die intendierte Wahrnehmung hinsichtlich einer bindenden Anreizwirkung verstärkt. Da es sich insbesondere bei der arbeitnehmerfinanzierten betrieblichen Altersversorgung oft um beitragsintensive Sparten handelt (z.B. Direktversicherung), ist die Teilnahmebereitschaft der Arbeitnehmer jedoch oftmals gering. Die gewünschte Wirkung tritt also nur bei den Mitarbeitern ein, die sich dieses Instrument leisten können und wollen.

Eine weitere, verbreitete Variante ist die Gruppenunfallversicherung: vom Arbeitgeber finanziert gilt sie als betriebliche Versicherung, im privaten Modell wird sie von jedem Versicherten selbst bezahlt. Der wesentliche Vorteil für die Versicherten liegt in den vergleichsweise günstigen Vertrags- und Beitragskonditionen und der Tatsache, dass das existentiell relevante Unfallrisiko für relativ wenig Beitrag abgesichert wird. Dabei wird regelmäßig nicht nur das berufliche, sondern auch das private Unfallrisiko abgedeckt.

Historisch betrachtet sind es überwiegend große Industriebetriebe wie Bayer, Siemens, Daimler-Chrysler oder die ehemalige Hoechst AG, die ihren Mitarbeitern neben den o.g. auch die rein privaten Versicherungszweige angeboten haben. Die Kraftfahrzeughaftpflicht-Versicherung als Pflichtversicherung ist hier das Paradebeispiel: jeder Mitarbeiter mit Auto muss per Gesetz diese Versicherung haben, lediglich die Auswahl des Anbieters steht ihm frei. Diese Situation nutzen Unternehmen, um sich unter Berufung auf ihre Marktmacht als wichtige Versicherungskunden vergünstigte Tarife für ihre Mitarbeiter von den Versicherern gewähren zu lassen und diese in Form einer betrieblichen Zusatzleistung weiterzugeben. Die Ausweitung dieser Praxis auf weitere private Versicherungszweige ist somit nur eine logische Folge. In den meisten Fällen ist diese Form der betrieblichen Sozialleistung eher zufällig und quasi als Nebenprodukt einer Kooperation im Industrieversicherungsbereich entstanden, hat sich aber inzwischen über viele Jahrzehnte bewährt.

3 Möglichkeiten und Grenzen der Implemetierung von privaten Versicherungen im Retention-Management

3.1 Das theoretische Konzept „Belegschafts-Versicherung"

Am Beispiel der Gruppenunfallversicherung wird bereits deutlich, dass der Übergang von betrieblichen zu privaten Versicherungen fließend verläuft. Im folgenden Teil der Untersuchung wird beschrieben, wie ein privates Versicherungskonzept für die Belegschaft eines Unternehmens aufgebaut sein kann und mit welcher Zielsetzung es funktioniert. Der übergeordnete Gedanke bei allen nachfolgenden Überlegungen ist die Nutzung des Belegschafts-Konzepts im Rahmen der Mitarbeiterbindung. Im englischsprachigen Raum wird allein aus der Übersetzung des Begriffs ‚Belegschaftsversicherung' ein Zusammenhang mit dem Thema der betrieblichen Zusatzleistungen deutlich: Voluntary Employee Benefits.

3.1.1 Zielsetzung

Die Gründe, warum ein Unternehmen entscheiden kann, seinen Mitarbeitern

Belegschafts-Versicherungen anzubieten, zielen i.d.R. immer in eine Richtung: man möchte eine betriebliche Zusatzleistung bieten und sich damit als Arbeitgeber attraktiv darstellen. Über den reinen Imagewert hinaus entstehen daraus finanzielle Vorteile für beide Seiten: die Mitarbeiter genießen eine gesponsorte und dadurch im Marktvergleich kostengünstige Dienstleistung, wohingegen der Arbeitgeber aus dem Zufriedenheitszuwachs der Belegschaft profitiert, z.b. durch bessere Produktivität. Die potenzielle Beitragsersparnis der Mitarbeiter im Vergleich zu marktüblichen Preisen steigert die Kaufkraft des Einkommens und reduziert damit den Bedarfsdruck hinsichtlich Gehaltserhöhungen. Gleichzeitig ist die Relation des Netto-Geldwertes der möglichen Beitragsersparnis im Vergleich zum adäquat dafür notwendigen Brutto-Einkommenswert, den der Arbeitgeber aufwenden müsste, deutlich günstiger.

3.1.2 Inhalt und Funktionsweise

Anhand der je Mitarbeiter sehr individuellen Risikosituation und Bedarfslage, richtet sich der Nutzwert eines Belegschaftsversicherungs-Konzeptes nach dessen Umfang und Flexibilität.

21

Hier wird die Analogie zu personalpolitischen Cafeteria-Modellen deutlich: jeder Mitarbeiter entscheidet individuell, welche Leistungen er in Anspruch nehmen möchte. Vorteile entstehen u.a. aus der Tatsache, dass der Mitarbeiter evtl. auf bestimmte Absicherungen bisher verzichten musste, weil er sich diese nicht leisten konnte oder indem er bereits vorhandene Absicherungen über das Belegschafts-Konzept zu einem günstigeren Preis und/oder mit besseren Inhalten einkauft bisher vorhandene Verträge dafür auflöst. Jeder Mitarbeiter kann auf diese Weise den Grad seines Nutzens individuell bestimmen, was sich nicht nur in einem finanziellen Vorteil zeigt, sondern auch in einem Zugewinn an Risiko- und Existenzabsicherung.

Voraussetzungen für einen möglichst hohen Nutzwert sind demnach eine möglichst breite Auswahl an privaten Versicherungszweigen, um den unterschiedlichen Risikobedürfnissen innerhalb einer Belegschaft gerecht zu werden, sowie eine im Marktvergleich jeweils positive Preis-Leistungs-Bilanz der angebotenen Produkte, um tatsächlich zu einem finanziellen Vorteil zu führen. Es ist auch sinnvoll, das Belegschafts-Konzept prominent zu kommunizieren und ggf. mit einem eigenen Markennamen zu belegen, der die Verbindung zum Arbeitgeber als Mentor in den Vordergrund hebt. Beispiele hierfür sind u.a. der ‚Hoechst Versicherungsservice' (für Mitarbeiter der ehem. Hoechst AG) oder ‚Albatros' (Versicherungsdienst für die Lufthansa-Belegschaft). Durch diese Assoziation erlangt das Konzept seinen besonderen Status als Instrument des Retention-Managements, weil sich darin für die Mitarbeiter die Attraktivität und der Wert des Arbeitgebers widerspiegeln.

3.2 Relevante Fragestellungen im Entscheidungsprozess des Arbeitgebers

Bei der grundsätzlichen Entscheidung eines Unternehmens, ob es als Arbeitgeber seinen Mitarbeitern private Versicherungen in einem Belegschafts-Konzept als zusätzliche betriebliche Sozialleistung anbieten möchte, ist neben der strategischen Ausrichtung an den Unternehmenszielen auch die Berücksichtigung wichtiger externer Aspekte wie der Marktpolitik oder der Rechtssprechung und Steuergesetzgebung vorzunehmen. Auch die inhaltliche Gestaltung kann Einfluss auf den Entscheidungsprozess des Arbeitgebers haben, weil der Umfang der Leistungspalette auch auf den möglichen Erfolg des Konzeptes wirkt.

3.2.1 Unternehmenspolitische und - strategische Motive

Wie in Abschnitt 2.1.3 beschrieben, kann die Unternehmensstrategie bereits Elemente enthalten, welche die Implementierung von Retentions-Instrumenten vorsehen, wodurch Belegschafts-Versicherungen als eine Möglichkeit in Betracht kommen. In der Praxis ist die Mitarbeiterbindung überwiegend als Ziel der Personalstrategie formuliert, was jedoch an der Option der Umsetzung derselben innerhalb eines Versicherungs-Konzepts nichts verändert.

Auch wenn die Mitarbeiterbindung nicht explizit als strategisches Ziel formuliert ist, bieten sich spätestens in den Grundsätzen des Unternehmensleitbildes diverse Ansätze, aus denen sich ein Belegschafts-Konzept sinnvoll ableiten lässt. Fast alle Unternehmen formulieren darin den Aspekt der sozialen Verantwortung gegenüber ihren Mitarbeitern sowie den Wunsch nach einer gewissen Nachhaltigkeit ihres Agierens als Arbeitgeber. Über die Schaffung eines Versicherungs-Konzeptes können Unternehmen diesen selbst formulierten Zielen gegenüber Rechnung tragen und sich sowohl der Belegschaft als auch der Gesellschaft gegenüber als verantwortungsbewusste Arbeitgeber präsentieren.

3.2.1.1 Grundsätzliche Rolle des Arbeitgebers: Anbieter oder Sponsor?

Entschließt sich ein Unternehmen, seiner Belegschaft Versicherungen anzubieten, betritt es damit – wenn es sich nicht gerade um eine Bank oder eine Versicherungsgesellschaft handelt – in den meisten Fällen einen neuen Bereich, der nicht zum Kerngeschäft des Unternehmens gehört. Versicherungen als eine Art von (Finanz-) Dienstleistungen unterliegen besonderen aufsichtsrechtlichen Grundsätzen und dürfen nur von Unternehmen angeboten und vertrieben werden, die eine entsprechende Zulassung vorweisen können. Das BaFin (Bundesaufsichtsamt für Finanzdienstleister) überwacht hierbei u.a. die Einhaltung der Vorgaben des HGB und der EU-Vermittler-Richtlinie. Um Versicherungen anbieten zu können, muss ein Unternehmen vielfältige Voraussetzungen hinsichtlich finanzieller

Leistungsfähigkeit (Solvabilitätsvorschriften) und fachlicher Kompetenz erfüllen.[20] In der Summe aller Vorgaben ist es einem Unternehmen aus Industrie und Mittelstand i.d.R. nicht möglich, selbst als Anbieter von Versicherungen aufzutreten. Es gibt Unternehmen, die ihre Risiken aus dem Betrieb des Kerngeschäftes über eine eigene Versicherungsgesellschaft (sog. Captives oder firmeneigene Versicherungsunternehmen) im Rahmen einer Risikoselbsttragung abdecken.[21] In diesen Fällen ist eine Erweiterung um private Versicherungssparten sicherlich einfacher, als ein kompletter Neubeginn. Der ebenfalls von der Aufsichtspraxis entwickelte Grundsatz der Spartentrennung verlangt jedoch für verschiedene Versicherungszweige jeweils eigene Zulassungen, weil diese nicht gemeinsam durch ein Versicherungsunternehmen betrieben werden dürfen (z.B. Sach-, Rechtsschutz-, Kranken- und Lebensversicherungen als jeweils zu trennende Sparten)[22], was eine weitere Erschwernis bedeutet, um die Rolle des Anbieters übernehmen zu können.

---

20 Vgl. Koch (Hrsg.): a.a.O., S. 917-922
21 ebd., S. 187-188
22 ebd., S. 788

Andererseits besteht aber die Möglichkeit für einen Arbeitgeber, über die Kooperation mit einem zugelassenen Versicherungsunternehmen dessen Produkte zu nutzen und unter dem eigenen Namen innerhalb der Belegschaft anzubieten. In diesem Konstrukt fungiert der Arbeitgeber quasi als Produktsponsor, der sich der Leistung eines Versicherers bedient und damit zunächst nicht mehr selbst der Prüfung der Versicherungsaufsicht unterliegt. Auf diesem Weg kann der Arbeitgeber auch verschiedene Versicherer in sein Konzept involvieren und es damit sehr individuell gestalten. Für die Versicherer wiederum ist es eine alltägliche Situation, dass ihre Produkte durch einen Vermittler angeboten werden. Der Arbeitgeber profitiert in dieser Konstellation davon, dass er weiterhin die Möglichkeit hat, sich den Mitarbeitern gegenüber als Anbieter der Leistungen zu präsentieren, was für die Wirksamkeit im Kontext der Mitarbeiterbindung natürlich besonders wichtig ist. In der Praxis ist die Wahl der Sponsorenrolle dem Arbeitgeber in der Mehrzahl der Fälle zu empfehlen, weil die Vorteile deutlich überwiegen.

3.2.1.2 Finanzielle Zielsetzungen

Arbeitgeber, die bereits Belegschafts-Konzepte anbieten, haben diese Funktion häufig in einer eigenen (Service-)Gesellschaft angesiedelt; andere bilden diese Leistung im Personalbereich ab. Diese Entscheidung hängt u.a. erheblich davon ab, ob das Unternehmen für die Vermittlung der Versicherungen an ihre Belegschaft Provisionen von den Versicherern erhält. Im Fall der sog. Firmenverbundenen Versicherungsvermittler (FVV) handelt es sich um Tochterunternehmen des Arbeitgebers, die berechtigt sind, Provisionseinnahmen aus der Vermittlung von Belegschafts-Versicherungen zu beziehen. Sie müssen jedoch als rechtlich selbständige Unternehmen geführt werden und unterliegen ebenfalls den Richtlinien für Versicherungsvermittler.[23] Der Aufwand, der mit der Gründung und dem Betrieb eines FVV einhergeht, ist nur dann gerechtfertigt, wenn er durch die Höhe der Provisionseinnahmen gedeckt wird und im günstigsten Fall Erträge abwirft. Viele dieser Gesellschaften stellen z. Zt. ihren Betrieb ein oder betreiben Outsourcing, weil sie durch die Vorgaben der EU-Vermittler-Richtlinie i.d.R. zu Investitio-

---

[23] ebd., S. 303-304

nen gezwungen werden (fachliche Qualifikation, IT, Dokumentationspflichten), welche die Wirtschaftlichkeit ihrer Tätigkeit in Frage stellen.

Verzichtet ein Arbeitgeber auf Provisionseinnahmen aus der Vermittlung von Belegschafts-Versicherungen, verliert er die Möglichkeit, die in Verbindung mit dem Belegschafts-Konzept entstehenden Kosten – z.B. Marketingkosten für die Publizierung des Konzepts innerhalb der Belegschaft oder Personalkosten für die Ansprechpartner innerhalb seiner Personalbzw. Versicherungsabteilung – durch entsprechende Einnahmen zu decken. Das widerspricht der bereits festgestellten Präferenz von möglichst kostenneutralen Retentions-Programmen. Natürlich könnte auch ein Versicherer direkt diese Aufgabe erfüllen und den im Beitrag einkalkulierten Provisionsanteil behalten. Im Normalfall wird ein Arbeitgeber jedoch versuchen, eine möglichst breite und doch preiswerte Produktpalette abzubilden, weshalb er i.d.R. mehrere Versicherer mit ihren Produkten anbieten wird. Dadurch wird die Koordination des Belegschafts-Konzeptes kompliziert, eine klare Kostenzuordnung zu den einzelnen Versicherern erschwert und die Belegschaft mit unterschiedlichen Ansprechpartnern konfrontiert, was u.U. von der Belegschaft negativ bewertet wird.

Eine denkbare Alternative ist hier die Einschaltung eines unabhängigen Vermittlers bzw. Maklers, der die Interessen des Arbeitgebers vertritt, die Kosten für die Implementierung und den Betrieb eines Belegschafts-Konzepts trägt und im Gegenzug dafür Provisionen von den betreffenden Versicherern erhält. Dadurch reduziert sich der Aufwand des Arbeitgebers fast vollständig, wohingegen er von allen Vorteilen dieser Konstellation profitiert – bis hin zu einer erhöhten Flexibilität bei der Zusammenstellung der Versicherergruppe, die ihm ermöglicht, auf evtl. Prämienerhöhungen mit einem raschen Anbieterwechsel zu reagieren. Er könnte sogar an den erwirtschafteten Provisionsüberschüssen des Vermittlers in der aufsichtsrechtlich neutralen Funktion des Tippgebers partizipieren und damit tatsächlich Zusatzeinnahmen erzielen. Gleichzeitig bietet er seinen Mitarbeitern einen festen Ansprechpartner für alle Versicherungsfragen, was das Image des Konzepts positiv unterstützt, weil Versicherungen als beratungsintensives Produkt ein gewisses Vertrauensverhältnis erfordern.

3.2.1.3 Marktpolitische Aspekte

Eine hohe Attraktivität des Arbeitgebers ist am Arbeitsmarkt generell ein Vorteil, insbesondere wenn es sich um Branchen handelt, in denen geeignete Arbeitskräfte knapp sind. Der Arbeitgeber befindet sich im Wettbewerb mit seinen Konkurrenten oft dann im Zugzwang, wenn diese sich bereits der Vorteile von Belegschafts-Versicherungen bedienen. Besonders innerhalb tarifvertraglich reglementierter Branchen kann das Vorhandensein dieser freiwilligen, zusätzlichen betrieblichen Leistungen das ‚Zünglein an der Waage' sein, wenn Arbeitnehmer sich für den Beitritt zu oder den Verbleib in einem Unternehmen entscheiden. In einer Studie der FH Wiesbaden zum Thema Belegschaftsversicherungen wurde im November 2006 ermittelt, dass von 1.150 befragten Unternehmen mit mehr als 800 Mitarbeitern immerhin 72 % ihren Mitarbeitern Produkte zur privaten Altersvorsorge anbieten und zwischen 35 % und 39 % der Firmen ihren Belegschaften Auto-, Sach- und Krankenversicherungen anbieten.[24]

---

[24] Vgl. Baldus, Florian (u.a.): Belegschaftsversicherungen bei deutschen Unternehmen, Forschungsprojekt der FH Wiesbaden unter Prof.

3.2.1.4 Sozialpolitische Aspekte und rechtliche Vorgaben

Jeder Arbeitgeber ist per Gesetz verpflichtet, gegenüber dem Arbeitnehmer bestimmte Leistungen zu erbringen. Im Kontext von Versicherungen sind dies u.a. die gesetzliche Unfallversicherung, Beiträge zu Berufsgenossenschaften und Beiträge zu den gesetzlichen Sozialversicherungen (Kranken-, Renten-, Arbeitslosen- und Pflegeversicherung). Arbeitnehmer haben das Recht, eine Form der betrieblichen Altersversorgung in Anspruch nehmen zu dürfen, was beim Arbeitgeber die Verpflichtung verursacht, hierfür Lösungen anzubieten.[25] Außerdem kann es auch im Tarifvertrag Regelungen geben, die dem Arbeitgeber bestimmte Regeln auferlegen (z.B. Chemie-Tarifvertrag: Zahlung Vermögenswirksamer Leistungen nur bei Verwendung innerhalb der betrieblichen Alterversorgung).

Es ist dem Arbeitgeber jedoch freigestellt, wenn er darüber hinaus freiwillig weitere

---

Dr. Bernhard Heidel. Wiesbaden 2006

[25] Vgl. Alterseinkünftegesetz (AltEinkG), in Bundesgesetzblatt Jg. 2004 Teil I Nr. 33, Art. 8. Zuletzt abgerufen am 09.02.2008 unter www.bgblportal.de/BGBL/bgbl1f/bgbl104s142 7.pdf

Leistungen anbieten möchte. Ein entsprechendes Agieren bringt ihm Vorteile in seiner Verhandlungsposition gegenüber dem Sozialpartner (Betriebsrat), insbesondere wenn diese Leistungen konkrete monetäre Vorteile für die Arbeitnehmer beinhalten. Diese Voraussetzung ist durch ein Belegschafts-Konzept erfüllt. Eine Einbindung des Sozialpartners bei der Implementierung und Gestaltung des Konzepts hat den Vorteil, dass dieser durch entsprechende zustimmende Kommentierung zum Erfolg beitragen kann. Solange das Konzept nicht in einer Betriebsvereinbarung manifestiert ist, besteht theoretisch jederzeit die Möglichkeit, es wieder abzuschaffen, ohne dass der Betriebsrat ein Mitbestimmungsrecht hat, weil die Teilnahme an dem Konzept jedem Arbeitnehmer selbst überlassen ist und damit kein generelles Gewohnheitsrecht begründet wird.

3.2.1.5 Steuerrechtliche Überlegungen und Hintergründe

Ein wesentliches Argument für die in der Vergangenheit vermehrte Abschaffung von betrieblichen Zusatzleistungen ist die Problematik der Versteuerung des sog. geldwerten Vorteils. Jede Leistung des

33

Arbeitgebers, die dem Arbeitnehmer einen finanziellen Vorteil verschafft, kann theoretisch als Arbeitslohn gewertet werden und unterliegt damit der Lohnsteuer. Eine Abgrenzung, welche Leistungen einen geldwerten Vorteil darstellen, ist kompliziert und hat bereits umfangreiche Untersuchungen verursacht. Aus einem Expertengutachten im Jahr 2004 geht hervor, dass aus dem Prämienvorteil innerhalb von Gruppenverträgen (z.B. im Belegschaftsversicherungsgeschäft) nur dann ein geldwerter Vorteil abzuleiten ist, wenn die Ersparnis nicht auf versicherungsmathematische und kalkulatorische Grundlagen innerhalb des Gruppenkollektivs zurückzuführen ist, sondern auf der aktiven Beteiligung des Arbeitgebers an einer Kostensenkung beruht.[26] Z.B. darf der Arbeitgeber dem FVV keine Räume unentgeltlich zur Verfügung stellen, damit dieser nicht über die Kostenersparnis auf Provisionsteile verzichten und damit die Versicherungsbeiträge reduzieren kann. Ein weiterer Aspekt ist die Feststellung der Höhe des Vorteils: um die genaue Bemessungsgrundlage für eine mögliche

---

[26]   Vgl. Prof. Dr. Lang, Joachim (Hrsg.): Vorteilsbesteuerung im Belegschaftsgeschäft von Versicherungen als Beispiel für die lohnsteuerliche Behandlung von Sondermärkten. Köln 2004

Besteuerung vornehmen zu können, muss eine eindeutige Referenzprämie für das entsprechende Versicherungsprodukt existieren. Durch tariftechnische Besonderheiten (Gruppentarife) ist dieser Vergleich i.d.R. unmöglich. Bietet ein Arbeitgeber also Belegschafts-Versicherungen über einen Versicherer, unabhängigen Vermittler oder FVV an und sind die Prämien der angebotenen Produkte durch die kalkulatorische Nutzung des Kollektivs günstiger als vergleichbare Einzeltarife, entfällt die Lohnsteuerproblematik bzgl. des geldwerten Vorteils.

3.2.2 Gestaltung der Produktpalette

Hinsichtlich der inhaltlichen Gestaltung eines Belegschafts-Konzepts ist im Wesentlichen zu klären, welche Produkte innerhalb der betreffenden Belegschaft angeboten werden sollen und nach welchen Kriterien die Auswahl der anbietenden Versicherer erfolgen soll.

3.2.2.1 Spartenspezifischer Zielgruppenbedarf und Präferenzen

Wie bereits festgestellt, beruht die Wirksamkeit eines Anreizes auf der individuellen Bedürfnisstruktur der Zielperson.

Übertragen auf eine Belegschaft ist bei der Gestaltung der Produktpalette auf die jeweiligen Bedürfnisse der Zielgruppe einzugehen. Generell darf man unterstellen, dass die Mitglieder einer Belegschaft nicht wesentlich andere Risiken bergen, als der Durchschnitt der Gesamtbevölkerung. Trotzdem kann es branchen- oder betriebsspezifisch besonders zu berücksichtigende Interessen der Zielgruppe geben, die sich in den Produkten widerspiegeln sollten: z.B. der Bedarf an besonderen Erweiterungen/Klauseln in der Unfallversicherung bei Mitgliedern von gefahrträchtigen Berufen (Feuerwehr, Sicherheitsdienst, Bergleute etc.). Umgekehrt können bestimmte Produktinhalte entfallen, wenn diese der jeweiligen Zielgruppe keinen besonderen Vorteil bieten oder bereits über anderweitige Leistungen des Arbeitgebers abgedeckt sind. Außerdem kann der Arbeitgeber eigene Interessen in die Produktgestaltung einfließen lassen, so z.B. den Baustein Arbeitsrecht aus einem Rechtsschutz-Produkt ausschließen, um nicht seine Mitarbeiter bei der Vertretung ihrer Interessen gegen den Arbeitgeber zu unterstützen.

Für die Wirksamkeit des Konzepts als Retentions-Instrument ist es natürlich wünschenswert, eine möglichst breite Produktpalette mit möglichst hoher Flexibilität anzubieten, damit eine Mehrzahl von Mitarbeitern damit ihre Bedürfnisse abdecken kann. Gleichzeitig wird das Bemühen um möglichst preiswerte Produkte die Auswahl einschränken.

3.2.2.2 Kriterien zur Auswahl von Versicherern als Risikoträger

Welche Versicherer als Produktgeber und Risikoträger im Rahmen eines Belegschafts-Konzepts in Frage kommen, richtet sich natürlich in erster Linie danach, welche Anbieter private Versicherungen für Zielgruppen mit entsprechenden Gruppenkonditionen zur Verfügung stellen. Ein günstiges Preis-Leistungs-Verhältnis – also Prämienhöhe in Relation zum Deckungsumfang – ist ebenso relevant. Ein weiteres wichtiges Kriterium für die Auswahl eines Versicherers ist u.a. dessen Schadenquote im Vergleich zum Branchendurchschnitt und die entsprechende Klagequote. Diese Werte geben Aufschluss über die Art der Schadenregulierung (restriktiv oder kulant) und sind wichtig für das Image des Belegschafts-Konzepts – denn die günstigste Versicherung nützt nichts, wenn sie im Schadenfall nicht zahlt. Ein oft unterschätzter

Bewertungsfaktor ist die finanzielle Leistungsfähigkeit des gewählten Versicherers. Ein finanzstarkes Unternehmen wird auch auf Dauer stabile Beiträge bieten, während schwächere Unternehmen oft über Beitragserhöhungen versuchen, Ertragsschwankungen auszugleichen. Eine objektive Entscheidung bzgl. der richtigen Versicherer erfordert Kenntnisse des Marktes und der fachlichen Inhalte der jeweiligen Produkte. Arbeitgeber sind gut beraten, hier entweder diverse Vergleichsangebote einzuholen oder sich bei der Auswahl durch z.b. Makler unterstützen zu lassen.

3.3 Das Versicherungsangebot seitens der Versicherer

Die Einführung eines Belegschafts-Konzepts erfordert – sofern der Arbeitgeber nicht selbst die Risiken tragen kann (z.B. über ein eigenes Versicherungsunternehmen, s. 3.2.1.1) – die Einschaltung eines oder mehrerer Versicherer. Für die Rolle des Risikoträgers von privaten Versicherungen im Rahmen eines Belegschafts-Konzepts kommen nur Versicherungsunternehmen in Frage, die im Privatkundengeschäft agieren. Obwohl das Konzept auf Rahmenverträgen basiert, die mit dem Arbeitgeber geschlossen werden, wird jeder teilnehmende Mitarbeiter als Privatkunde der Vertragspartner des Versicherers.

Neben dem in 2.3.3 beschriebenen Grund einer bereits bestehenden Kundenverbindung mit dem Arbeitgeber, die durch die Erweiterung um ein Belegschafts-Konzept vertieft werden soll, gibt es weitere Argumente für den Versicherer, weshalb seine Partizipation vorteilhaft ist. Einerseits entsteht durch eine solche Kooperation ein Reputationsgewinn am Versicherungsmarkt und es bietet sich ggf. die Chance, aus der Privatversicherung kommend das Geschäft auch auf den originären gewerblichen Absicherungsbedarf des Arbeitgebers auszuweiten. Andererseits – und das ist aus Ertragssicht das wesentlich wichtigere Argument – ist über Bestandsauswertungen von Versicherern statistisch erwiesen, dass Vertragsbestände in Belegschaften deutlich bessere Schadenverläufe hinsichtlich Anzahl und Höhe aufweisen und auch die Beitragszahlungen deutlich reibungsloser verlaufen, als im Gesamtdurchschnitt aller privaten Versicherungen. Dadurch wird das Modell für Versicherer sehr interessant.

3.3.1 Produktpolitische Überlegungen des Versicherers

Aus der umfangreichen Anzahl möglicher Versicherungszweige für Privatkunden gilt es, eine vernünftige Auswahl zu treffen – was in diesem Kontext bedeutet, dass die Bereitstellung nur dann sinnvoll ist, wenn mit einer genügenden Anzahl von Interessenten und potenziellen Abschlüssen zu rechnen ist. Diese Voraussetzung wird i.d.R. von den gängigen Privatversicherungssparten erfüllt (s. Tabelle 1), wobei bei vielen Personenversicherungen eine Mindestanzahl von 20 Teilnehmern in einem Gruppenvertrag erreicht werden muss, damit der Tarif vom BaFin anerkannt wird. Darüber hinaus wird ein Versicherer abwägen, welche der sog. Nischensparten (selten angefragte Sparten) er innerhalb einer Zielgruppe anbieten wird, wenn lediglich eine geringe Anzahl von Abschlüssen zu erwarten ist. Auch hier gilt der Grundsatz der Stückkosten-Degression. Welcher Bedarf voraussichtlich besteht, ist je Belegschaft jeweils zu prüfen, wobei regionale und betriebliche Gegebenheiten Einfluss haben. In diesem Punkt widersprechen sich das Interesse des Arbeitgebers (breite Produktpalette) und das Interesse des Versicherers (Wirtschaftlichkeit).

3.3.2 Anforderungen an zu versichernde Kollektive

In der Risikotheorie, die die Grundlage einer Prämienkalkulation darstellt, ist ein Kollektiv eine Menge von Schadenanzahl- und Schadenhöhenverteilungen.[27] Je dichter diese um einen Erwartungswert verteilt sind, umso genauer lässt sich eine den Bedarf deckende Prämie ableiten. Der Versicherer hat das grundlegende Interesse, ein zu versicherndes Kollektiv im Sinne einer abgegrenzten Gesamtheit von Verträgen in einem bestimmten Versicherungszweig so homogen wie möglich zu gestalten, damit die erforderliche Risikoprämie niedrig bleibt. Ist das Risikokollektiv in bestimmten Punkten diversifiziert, wird er versuchen, diese Abweichungen durch Anpassung der jeweiligen Produktinhalte (z.B. Ausschlüsse) zu minimieren. Es besteht kalkulatorisch die Möglichkeit, sie trotzdem in das Kollektiv zu involvieren; diese Fälle wirken sich jedoch auf den Sicherheitszuschlag in der Prämienkalkulation aus. Je homogener

---

[27] Vgl. Koch (Hrsg.): a.a.O., S. 456

ein Kollektiv ist, umso geringer ist die benötigte Risikoprämie und umso günstiger bleibt am Ende die Versicherungsprämie. Ein genereller Ausschluss bestimmter Personengruppen mit hohem Risiko (z.B. Werksfeuerwehr) aus dem Belegschafts-Konzept widerspricht der Grundidee der Mitarbeiterbindung und ist zu vermeiden.

3.3.3 Tarifpolitische Überlegungen

Neben der rein risikobedarfsorientierten Prämienkalkulation muss ein Versicherer bei der Gestaltung von Gruppentarifen die jeweilige Marktsituation anhand eines regionalen und spartenspezifischen Vergleichs mit Wettbewerbern berücksichtigen. Für den Erfolg des Belegschafts-Konzepts und für dessen Bindungswirkung ist die Gewinnung von Marktanteilen innerhalb der Zielgruppe elementar. Das kann nicht nur über Neuabschlüsse der Mitarbeiter, sondern auch über ‚Wechsler' geschehen. Die Qualität eines Gruppentarifs zeigt sich nicht ausschließlich über den reinen Prämienvorteil, sondern auch im Umfang der enthaltenen Absicherung. Da Endkunden – wie die jüngsten Entwicklungen bei der Kfz-Versicherung zeigen – leider oft dazu neigen, bei komplizierten Vergleichen ten-

denziell eher anhand des Preises zu entscheiden, ist es angeraten, einen Kom-
promiss zwischen günstigem Preis und
erweiterter Leistung mit leichter Tendenz
zum Preisvorteil zu wählen. Die Höhe und
Verteilung der Gehälter einer Belegschaft
und damit deren Kaufkraft geben u.a.
Auskunft darüber, in welcher Größen-
ordnung ein Tarifgefüge absatzpolitisch
erfolgreich anzusiedeln ist.

In die Kalkulation des Tarifs fließt auch
ein Vertriebskostenanteil ein, dessen Höhe von der gewählten Vertriebsform ab-
hängt. Vertriebspolitisch hat der Versicherer auch seinen eigenen Vertrieb zu
beachten: arbeitet er mit eigenen Ver-
triebsmitarbeitern, kann ein besonders
günstiger Belegschaftstarif in der Ein-
zugsregion des entsprechenden Arbeitgebers dazu führen, dass er damit seinen
eigenen Vertrieb kannibalisiert, wenn dieser nur über Einzeltarife verkaufen kann.
Um hier Unruhe zu vermeiden, ist im
Vorfeld genau abzuwägen, inwiefern das
Belegschafts-Konzept andere Geschäfts-
bereiche des Versicherers tangieren kann.

Einige der Versicherer, die Belegschafts-
Tarife anbieten, erleben immer wieder eine Art ‚Tarif-Neid' zwischen Arbeitgebern,
die sich in der Höhe der gewährten Ra-

batte gegenseitig übertrumpfen wollen. Darin zeigt sich auch, dass die Arbeitgeber sich der Konkurrenz am Arbeitsmarkt bewusst sind und sich um Vorteile bzgl. der Tarifattraktivität bemühen, damit die beabsichtigte Retentionswirkung eintritt. Hier ist es für Versicherer sinnvoll, eine Tarifstaffelung einzuführen, die sich z.B. an der Mitarbeiteranzahl orientiert. Damit wird die Preisfindung im Vergleich mehrerer Belegschaften untereinander objektiviert und aufwändige Argumentationsarbeit des Versicherers reduziert.

3.4 Praktische Umsetzung des Konzeptes „Belegschafts-Versicherung" durch die Kooperationspartner Arbeitgeber und Versicherer

Wenn die Entscheidungsfindung des Arbeitgebers abgeschlossen ist und er einen oder mehrere Versicherer gewählt hat, die eine Kooperation hinsichtlich Belegschafts-Versicherungen eingehen möchten, sind die Konditionen der Zusammenarbeit in Form von Verträgen und Prozessabläufen zu vereinbaren.

3.4.1 Vertragliche Grundlagen

Um in einer vertraglichen Vereinbarung Art und Umfang der Zusammenarbeit für einen bestimmten Zeitraum zu definieren, wird ein Rahmenvertrag genutzt. Darin werden zwischen dem Arbeitgeber und dem Versicherer auch alle Bedingungen für die in der Mehrzahl weitgehend gleichartigen Verträge festgelegt, welche individuell zwischen den Mitgliedern der Belegschaft und dem Versicherer geschlossen werden.[28] Im Gegensatz dazu steht ein Gruppenvertrag (s. 2.3.2), in welchem der Arbeitgeber als Versicherungsnehmer den Vertrag führt und die Mitarbeiter lediglich ‚Versicherte Personen' sind, ohne jedoch vertragliche Gestaltungsmöglichkeiten zu haben. Solche Verträge werden i.d.R. vom Arbeitgeber bezahlt, haben aber oft nur niedrige Versicherungssummen, so dass der Mitarbeiter zusätzlich privat vorsorgen sollte.

Im o.g. Rahmenvertrag wird neben den Bedingungen und Tarifen der einzelnen Versicherungszweige auch festgehalten, welche Mitarbeiter zum berechtigten Teilnehmerkreis gehören, ob eine Erweiterung auf Familienangehörige (also Nicht-

---

[28]   Vgl. Koch (Hrsg.): a.a.O., S. 665

Mitarbeiter) gestattet sein soll und welche Auswirkungen auf die abgeschlossenen Verträge ein Austritt aus dem Unternehmen haben soll. Endet mit Verlassen des Arbeitgebers die Berechtigung des Mitarbeiters, die Sondertarife des Belegschafts-Konzepts zu nutzen, so kann diese Regelung einen stärkenden Einfluss auf eine Retentionswirkung beim Mitarbeiter haben. Umgekehrt verwässert der Belegschafts-Vorteil, wenn der Mitarbeiter die Sondertarife auch über eine Beschäftigung hinaus ‚mitnehmen' kann.

Der Kooperationsvertrag muss ebenfalls klar regeln, welche Leistungen seitens des Arbeitgebers zu erbringen sind (z.B. Marketing, Beratung), wer welche Kosten trägt und in welcher Form die Versicherer die vereinbarten Produkte den Mitarbeitern anbieten. Ist vorgesehen, dass der Arbeitgeber an den Vermittlungsprovisionen aus den Abschlüssen partizipiert, so ist auch hierfür eine Regelung zu vereinbaren. In der Praxis bestehen häufig gestaffelte Provisionsteilungsmodelle, die erst im Laufe der Zeit höhere Erträge abwerfen. Dadurch wird das rasche Erreichen eines Break-Even hinsichtlich des erst allmählich wachsenden Bestandes im Vergleich zu den am Anfang stehenden Investitionen unterstützt. Bei existenten Beständen ist auch zu regeln, ob und in welcher Höhe der Arbeitgeber an Bestandsprovisionen beteiligt sein soll.

Hat der Arbeitgeber die Kooperation mit Unterstützung eines Maklers installiert, begründet das u.U. weitere Vertragsverhältnisse: der Maklerauftrag zur Beratung bzgl. der Versichererauswahl kann in einen dauerhaften Vermittlungsauftrag inkl. entsprechender Vergütungsvereinbarungen zwischen Makler und Versicherer münden. Sind aufgrund der gewählten Produktpalette mehrere Versicherer involviert, sollte der Arbeitgeber die Aufgabe der Koordination des Belegschafts-Konzepts immer durch einen unabhängigen Dienstleister bzw. Makler abwickeln lassen, weil der Administrationsaufwand ansonsten rasch den Nutzen des Programms vernichtet. Das Honorar für diese Leistungen kann aus den Provisionen des Belegschafts-Konzepts finanziert werden, so dass es in dieser Konstellation für den Arbeitgeber weitestgehend kostenneutral bleibt, was seiner Intention bzgl. des Einsatzes als Retentions-Instrument entgegen kommt. Gleichzeitig löst der Arbeitgeber auf diesem Weg das Problem, dass er für die Vermittlung von Versicherungen die Anforderungen der EU-Vermittler-Richtlinie erfüllen muss, was

er i.d.R. nicht kann. Die damit verbunde-
nen Haftungsrisiken überträgt er per
Dienstleistungsvertrag auf den Makler.

Ein wichtiger Punkt im Vertragskonstrukt
ist die eindeutige Vereinbarung, ob die
Belegschafts-Kunden dem Versicherer
oder dem Makler ‚gehören'. Zählen die
Kunden durch ihren Vertrag zum Versi-
chererbestand, haben weder der Arbeitgeber noch der Makler Einfluss auf die
interne Behandlung der Kunden beim
Versicherer. Diese fallen in dessen ‚Ma-
növriermasse' und es könnten u.U. Prob-
leme beim Wechsel des Versicherers innerhalb des Belegschafts-Konzepts entstehen. Bleiben die Kunden per Koopera-
tionsvereinbarung im Bestand des Maklers, ist es für den Arbeitgeber einfacher,
einen Versicherer innerhalb seiner Produktpalette auszutauschen und ggf. die
Vertragsbestände zu übertragen. Weil a-
ber grundsätzlich die Mitarbeiter Versicherungsnehmer sind, bedarf es bei einem Wechsel immer deren Zustimmung.
Diese wird i.d.R. erteilt werden, verlöre
doch der Mitarbeiter nach einem Be-
standswechsel auch den vergünstigten
Belegschaftstarif, wenn er seinen Vertrag
beim vorherigen Anbieter beließe.

3.4.2 Organisatorische Überlegungen

Je nachdem, für welche Konstellation (Arbeitgeber + 1 Versicherer / Arbeitgeber + mehrere Versicherer / Arbeitgeber + Makler + Versicherer) die Entscheidung fällt, sind in der Folge die Arbeitsabläufe entsprechend zu gestalten. Nach der Implementierungsphase, die von den grundsätzlichen Schritten der Versicherer- und Produktauswahl und dem Abschluss der erforderlichen Verträge geprägt ist, unterscheiden sich die Aufgabenbereiche der Beteiligten. Unterstellt man, dass der Arbeitgeber zwecks Aufwandsminimierung einen Makler eingeschaltet hat, reduziert sich seine Tätigkeit auf die Information der Mitarbeiter über Kommunikationsmedien zwecks Marketing (s. Abb. 2). Die Aufgabe der Kundenberatung, Angebotserstellung und Vertragsvermittlung wird vom Makler erfüllt, während der Versicherer lediglich die eingereichten Anträge prüft und die entsprechenden Policen erstellt. Während der Makler der ständige Ansprechpartner der Belegschaftsmitglieder bleibt und Kundenservice leistet, verwaltet der Versicherer die geschlossenen Verträge der Mitarbeiter und vollzieht das Beitragsinkasso. Im Schadenfall berät der Makler den Mitarbeiter und leitet die

Schadenmeldung an den Versicherer weiter, woraufhin dieser den Sachverhalt prüft, den Vorgang abwickelt und ggf. eine Entschädigung leistet. Die Trennung dieser Aufgabenbereiche setzt klare Absprachen und ein gewisses Vertrauen des Versicherers voraus. Gleichzeitig trägt der Makler in seiner Zwischenposition eine erhöhte Verantwortung: einerseits vertritt er die Interessen des Sponsors und der Belegschaftsmitglieder, andererseits muss er die Vorgaben des Versicherers erfüllen und darf nicht zu kulant mit vorhandenen Spielräumen bzgl. Zugeständnissen gegenüber Kunden sein. Für den Versicherer bedeutet die Einschaltung des Maklers eine deutliche Entlastung, weil dieser viele Vorarbeiten erledigt und für die Beratung haftet.

3.4.3 Marketingkonzept und Vertriebsmedien

„Tue Gutes und sprich darüber!" – entsprechend ist auch das Marketingkonzept für ein erfolgreiches Belegschafts-Konzept aufzubauen, denn dieses ist nach der Implementierung nur erfolgreich, wenn die geschaffene Leistung prominent beworben wird. Ein eigener Markenname unterstützt hierbei den Wiedererkennungswert in der Belegschaft (s. 2.1.2), besonders wenn eine Vielzahl von verschiedenen Produkten und Versicherern angeboten werden: zwischen mehreren Versichererlogos wird der Mitarbeiter nicht wesentlich unterscheiden, das eigene Firmenlogo erkennt er jedoch immer. Viele Versicherer stellen ihre Unterlagen (Prospekte, Antragsformulare) mit dem Sponsorenlogo als Sonderdruck zur Verfügung, um die Besonderheit der Belegschaftskonditionen hervorzuheben. Auf (Werbe-)Anschreiben wird der Ansprechpartner (z.B. der Vermittler/Makler) des Mitarbeiters genannt. Sehr wenige Versicherer sind technisch in der Lage, das Sponsorenlogo auch auf den Policen aufzudrucken, was jedoch zur Abrundung des Gesamtlayouts wünschenswert wäre.

Hinsichtlich der Informationswege zur Belegschaft ist fast alles denkbar: Mitarbeiterzeitung, Betriebsratsinfo, Plakate, Infostände, Beratungsbüro im Betrieb, Prospektständer, Gehaltsbeilagen, persönliche Anschreiben, E-Mail-Newsletter, Intra- und Internetseiten, Telefon-Service, Aktionstage usw. Welche Informations-Medien ein Arbeitgeber wählt, hängt individuell von den betrieblichen Gegebenheiten und der Größe der Belegschaft ab. Eigene Beratungsbüros, Telefonservice und/oder Internetauftritt sind i.d.R. kostspielig. Ist ein Vermittler (analog Abb. 2) eingeschaltet, kann dieser in Absprache mit dem Arbeitgeber große Teile des Marketings übernehmen. Es gibt aber keinen ‚Königsweg': es sollte über eine möglichst breite Mischung der Kommunikationswege (Multi-Channel-Strategie) versucht werden, die verschiedenen Präferenzen der Mitarbeiter abzudecken. Außerdem ist das Marketing regelmäßig zu betreiben, weil einzelne Impulse schnell in Vergessenheit geraten. Ein häufig unterschätztes Marketingmedium ist die Mundpropaganda (‚Flurfunk') innerhalb der Belegschaft: der Chance, dass zufriedene Mitarbeiter die Leistung weiterempfehlen, steht immer auch das Risiko gegenüber, dass evtl. Unzufriedenheit sehr schnell für eine Ablehnung des Konzepts sorgt.

3.4.4 Bestandsbetreuung und Vertragsadministration

Nicht nur in der Angebotsphase haben Mitarbeiter Bedarf an qualifizierter Beratung, wie sie das Produkt Versicherung per se erfordert; auch nach Abschluss der Verträge besteht laufend das Erfordernis, die Aktualität der Vereinbarungen und

Daten zu gewährleisten. Jede Änderung der persönlichen Verhältnisse eines Mitarbeiters kann Konsequenzen auf seine Risikosituation, den Absicherungsbedarf und auf bestehende Versicherungen haben (z.B. Heirat, Umzug, Geburt eines Kindes usw.). Insofern ist es sinnvoll, der Belegschaft einen dauerhaften Ansprechpartner zur Verfügung zu stellen, der alle Änderungen beurteilen, den Mitarbeiter beraten und entsprechende Aufträge an die jeweiligen Versicherer weiterleiten kann. Spätestens an diesem Punkt wird offensichtlich, dass die Mitglieder der Belegschaft als Kunden des Belegschafts-Konzepts zur besseren Übersicht ihrer Verträge in einer Kundendatenbank zu verwalten sind, was ein weiteres Argument für die Einschaltung eines Vermittlers darstellt. Jeder Vermittler/Makler verfügt über entsprechende CRM-Systeme (Customer Relationship Management), die ihm die Erfüllung dieser Aufgabe ermöglichen.

Die Verwaltung der Verträge erfolgt i.d.R. durch den Versicherer selbst. Neben der Erstellung aller Dokumente, Bedingungen, Nachträge und Rechnungen führt er auch das Prämieninkasso inkl. Mahnwesen durch und bearbeitet die gemeldeten Schäden. Als Folge der Bestandsadministration verfügt der Versicherer über alle statistischen Werte, die eine Auswertung des Bestandes hinsichtlich seiner Rentabilität ermöglichen. Monatlich, quartalsweise – aber mindestens jährlich – wird aus den erfassten Werten statistisch ermittelt, wie sich der Bestand entwickelt. Daraus lassen sich anhand gängiger Kennzahlen – wie z.B. Schadenquote, Schadenhöhe, Mahnquote – Rückschlüsse bzgl. der Risikosituation, Schadenaffinität und Beitragszahlungsdisziplin ziehen. Auch der Erfolg von Marketingaktionen spiegelt sich in der Bestandsentwicklung wieder. Ergibt die Auswertung, dass die Prämien in den einzelnen Versicherungszweigen nicht ausreichen um den Schadenbedarf zu decken, wird der Versicherer in Absprache mit dem Arbeitgeber versuchen, die Prämien des Belegschaftstarifs entsprechend anzupassen, ohne dabei den erwünschten Preisvorteil gegenüber dem Markt aufzugeben.

3.4.5 Der Faktor „Zeit" in der Konzeptions-, Implementations- und Anwendungsphase

Wie erarbeitet, erfordert ein Belegschafts-Konzept umfangreiche Überlegungen im

Vorfeld, denen konkrete Aufgabenstellungen in der Implementationsphase folgen. In Abhängigkeit von den Gegebenheiten ist eine Konzeption innerhalb weniger Wochen möglich. Der Zeitaufwand für die Umsetzung ist deutlich höher, kann aber durch professionelle Unterstützung reduziert werden (s. 3.2.2.2). Ein Zeitfenster von sechs Monaten ist durchaus realistisch, kann sich aber auf ein Jahr verlängern, wenn z.B. IT-Systeme oder Intra-/ Internetseiten neu geschaffen werden müssen. Nach dem offiziellen Start des Konzepts verläuft die Entwicklung allmählich und – in Abhängigkeit von der Häufigkeit des Markctings – schubweise. Ab dem zweiten Jahr unterliegen die Vertragsbestände einem normalen Abrieb durch Vertragsstorni, die durch laufende Neuzugänge kompensiert werden müssen, um nicht zu einer Rückentwicklung zu führen. Erfahrungswerte aus bestehenden Belegschafts-Konzepten zeigen, dass im Laufe von drei bis fünf Jahren eine Durchdringung von ca. 15-20 % erreicht werden kann – d.h. dass etwa jeder Fünfte Mitarbeiter der Belegschaft mindestens eine Versicherung im Rahmen des Konzepts abgeschlossen hat. Vor diesem Hintergrund stellt ein Belegschafts-

Konzept in seiner Akzeptanz ein mittel-
bis langfristiges Anreizinstrument dar.

3.5 Bindungswirkung auf die Mitarbeiter

3.5.1 Kollektiver und individueller Nutzen der Mitarbeiter

Es ist nicht auszuschließen, dass ein Belegschafts-Konzept eine vom Mitarbeiter
geschätzte Leistung darstellt und dadurch eine Bindungswirkung hat, auch
wenn er selbst noch nicht in Form eines
Abschlusses partizipiert hat. Allein die
mit dem Angebot verbundene Beratung
stellt bereits einen erheblichen Mehrwert
dar. Häufig beruht eine schlechte Akzeptanz von Versicherungsprodukten auf der
gelebten Praxis vieler Vermittler, um je-
den Preis einen Abschluss zu bekommen.
In der Konstellation des obigen Konzepts
muss der Vermittler nicht um Kunden
buhlen, diese treten ihm – durch das Ar-
beitgeber-Marketing motiviert – bereits in-
teressiert und quasi abschlussbereit entgegen. Dadurch ist das Verkaufsverhalten
der Vermittler i.d.R. entspannter. Durch
den Preisvorteil der Gruppentarife entfallen die am Markt häufigen Preisdiskussi-
onen. Gleichzeitig empfinden die Mitar-

beiter eine Beratung und Angebotserstellung als deutlich unverbindlicher, als wenn sie diese bei einem freien Vermittler abrufen würden. Hier steht im Hintergrund noch immer die Angst vor dem geschickten Verkäufer, der dem Kunden überflüssige und teure Produkte ‚andreht'. Durch die o.g. Kombination von Vorteilen ist die Erfolgsquote in Belegschaften häufig höher als am freien Markt.

Neben dem Service ist natürlich der wichtigste (weil messbare) Nutzen für den Mitarbeiter der Preisvorteil der angebotenen Produkte. Einerseits kann er im Idealfall die benötigten Versicherungen preisgünstig mit gleichzeitig erweitertem Leistungsumfang erwerben und spart dadurch im Verhältnis zum Marktangebot sofort. Andererseits kann er bereits vorhandene Versicherungen hinsichtlich Preis und Leistung mit dem Belegschaftsangebot vergleichen und ggf. wechseln, wodurch er auch Prämie spart. Der von Versicherern gewährte Belegschaftsrabatt rangiert je nach Sparte zwischen 5 und 50 % der Normalbeiträge. Die Belegschaft profitiert hier von der durch den Arbeitgeber geschaffenen ‚Einkaufsgemeinschaft', was gleichzeitig die bewusste Wahrnehmung der Zugehörigkeit zu dieser Gemeinschaft unterstützt und ein ,Wir'-Gefühl in der Abgrenzung zu anderen Marktteilnehmern schafft. Umgerechnet auf das durchschnittliche Versicherungsaufkommen eines Arbeitnehmerhaushalts ergibt sich ein Einsparpotenzial von bis zu 2.000 Euro (abhängig von Haushaltsgröße und Absicherungsvolumen). Dieser Betrag seines Nettojahreseinkommens steht dem Mitarbeiter damit zur Verfügung und stellt quasi eine indirekte Gehaltserhöhung dar. Wollte der Arbeitgeber den gleichen Betrag netto leisten, müsste er aufgrund von Sozialabgaben und Steuerstaffeln mindestens das Doppelte als Bruttogehalt auszahlen. Dem gegenüber relativieren sich die Kosten für die Implementierung des Belegschafts-Konzepts mit steigendem Annahmegrad durch die Belegschaft und sind auf den einzelnen Mitarbeiter bezogen erheblich geringer. Man könnte argumentieren, dass der Mitarbeiter das eingesparte Geld durch Investition in weitere Versicherungen u.U. sofort wieder verliert. Er und seine Angehörigen profitieren jedoch von der damit gewonnenen Risikoabsicherung und ggf. besseren Altersversorgung.

3.5.2 Akzeptanz durch die Mitarbeiter und Akzeptanzbarrieren

Trotz der vielfältigen Vorteile eines Belegschafts-Konzepts kann es natürlich Akzeptanzbarrieren geben, welche die Mitarbeiter von der Nutzung abhalten. Versicherungen basieren als Geschäftsmodell auf dem gegenseitigen Vertrauen zwischen Anbieter und Käufer. Ist das Vertrauensverhältnis zum Arbeitgeber bereits angespannt (z.B. durch betriebsbedingte Kündigungen), wird es auch ein Belegschafts-Konzept nicht leicht haben, noch kann es allein das Vertrauen zum Arbeitgeber aufbauen. Die mit dem Abschluss eines Vertrags einhergehende Übermittlung von vertraulichen Daten ist u.U. ein weiteres Hemmnis: Angaben zu Gesundheit und persönlichen Verhältnissen möchte der Mitarbeiter evtl. nicht im Rahmen eines vom Arbeitgeber als Sponsor unterstützten Konzepts preisgeben. Hier ist es in besonderem Maß notwendig, Datenschutz zu betreiben und diesen auch gegenüber den Mitarbeitern zu betonen, um Hemmschwellen abzubauen. Vor der Zielsetzung einer möglichst hohen Bindungswirkung durch das Versicherungs-Konzept ist ein möglichst hoher Akzeptanzgrad erforderlich, da man auch unter idealen Voraussetzungen davon ausgehen darf, dass nicht auf alle Mitarbeiter die erwünschte Wirkung erzielt werden kann. Ein hoher Annahmegrad des Beratungs- und Produktangebots ist ein guter Indikator für die generelle Akzeptanz des Konzepts.

3.5.3 Messbarkeit der Bindungswirkung

Inwiefern aus dem Annahmegrad des Belegschafts-Konzepts eine effektive Wirkung als Retentions-Instrument abzuleiten ist, hängt oftmals von dessen Interpretation ab. Viele Anfragen und/oder Abschlüsse deuten auf die grundsätzliche Akzeptanz der Leistung durch die Belegschaft hin. Das bedeutet jedoch nicht automatisch, dass diese Mitarbeiter aufgrund der geschlossenen Verträge nicht trotzdem einen Wechsel des Arbeitgebers erwägen würden. Im ungünstigsten Fall wird ein wechselwilliger Mitarbeiter versuchen, die ihm gebotenen Vorteile noch ‚mitzunehmen', wenn diese Option nicht per Vereinbarung im Rahmenvertrag ausgeschlossen ist. Die Koppelung von Belegschafts-Konzept und Arbeitsvertrag ist eine grundlegende Voraussetzung für eine mögliche Bindungswirkung.

Bei der Suche nach möglichen Indikatoren in Form von retentionsbezogenen Kennzahlen wurde festgestellt, dass fast 90 % der Unternehmen solche erfassen, wobei die große Mehrheit sich auf die Fluktuationsquote konzentriert.[29] Diese kann aber kurzfristig stark schwanken und liefert erst über längere Zeiträume objektiv verwertbare Ergebnisse. Außerdem enthält sie zu einem bestimmten Anteil auch eine vom Unternehmen gewollte Fluktuation, die für den Erhalt von Innovationsfähigkeit durch ‚frisches Blut' unerlässlich ist. Eine klare Trennung zwischen gewollter und ungewollter Fluktuation kann nur etwa die Hälfte dieser Unternehmen darstellen. Mehr als 60 % der Unternehmen, die Retention-Programme nutzen, erheben keine Kennzahlen mit denen eine zielgerichtete Steuerung des Retention-Managements abzuleiten ist. Damit ist eine Erfolgskontrolle der verwendeten Maßnahmen in den seltensten Fällen möglich.[30] Eine weitere denkbare Kennzahl, die Aufschluss über eine Bindungswirkung geben kann, ist die durchschnittliche Dauer der Betriebszugehö-

---

[29] Vgl. Kienbaum Management Consultants GmbH (Hrsg.): Kienbaum Retention-Studie 2001. Gummersbach 2002, S. 10
[30] ebd.

rigkeit. Diese ist per se auf Langfristigkeit ausgerichtet, wobei man bei langjährig Beschäftigten grundsätzlich eine höhere Verbleibensneigung unterstellen muss und damit die Relevanz der Kennzahl zur Messung der Bindungswirkung eines Belegschafts-Konzepts fraglich ist. Da Retentions-Konzepte generell erst mit einer zeitlichen Verzögerung ihre Wirkung zeigen,[31] ist eine valide Aussage zur Effektivität auch erst nach mehreren Jahren zu treffen.

Ein Versuch, kurzfristig auf direktem Weg eine Aussage zur Bindungswirkung zu erhalten, ist z.B. die empirische Befragung der Mitarbeiter. Wie hoch die Objektivität der Antworten einzuschätzen ist und ob die tendenziell weniger motivierten Mitarbeiter sich an der Befragung beteiligen würden, ist unklar. Außerdem stellt das Ergebnis einer solchen Befragung immer eine Momentaufnahme dar und gibt nur wenig Gewissheit über künftige Entwicklungen. Aus diesem Grund wird dieser Ansatz auch von der Beratungsfirma Hewitt Associates kritisiert.[32] Deren Empfehlung, die Fluktuationsquo-

---

[31] ebd., S. 3
[32] Vgl. Hus, Christoph / Bathke, Rouben in Frankfurter Allgemeine Zeitung: Den Mitarbeiter ewig binden. Artikel vom 16.06.2007

te der erfolgskritischen Mitarbeiter als Kennzahl zu nutzen, führt jedoch zurück zur bereits o.g. Problematik, zumal die sog. ‚High-Potentials' i.d.R. eine deutlich höhere Fluktuation aufweisen, als der Durchschnitt aller Mitarbeiter.

Ein möglicher Indikator für eine wie auch immer geartete Bindung der Mitarbeiter an den Sponsor des Belegschafts-Konzepts wurde bereits in 3.3 erwähnt: im Vergleich zum allgemeinen Durchschnitt verlaufen die im Belegschaftsgeschäft angesiedelten Privatverträge bzgl. der Schadenzahlen bemerkenswert günstig, d.h. mit geringer Häufigkeit und Schadenhöhe. Es gibt keine plausible kalkulatorische Erklärung für dieses Phänomen, zumal bei den besonders günstigen Beiträgen zu erwarten wäre, dass die Deckung des Schadenbedarfs schwieriger wird als im regulären Geschäftsmodell ohne Belegschaftstarif. Der günstige Verlauf findet sich aber in der Praxis bei Belegschaften durchgängig in nahezu allen privaten Versicherungszweigen. Eine mögliche Erklärung ist, dass die Beteiligung des Arbeitgebers hier eine hemmende Wirkung hinsichtlich der Einreichung überhöhter Forderungen oder ‚unechter' Schäden auf die Kunden hat. Obwohl Versicherungsbetrug verbreitet ist, scheint die Kombination von Arbeitsvertrag und Versicherungstarif einen positiven Effekt zu verursachen. Es bleibt jedoch Spekulation, ob das Ergebnis auf eine gestiegene Loyalität oder lediglich die Angst vor der Publikation des Betrugs beim Arbeitgeber zurückzuführen ist.

4 Schlussbetrachtung und Ausblick

Zusammenfassend lässt sich festhalten, dass ein Belegschafts-Konzept des Arbeitgebers, als eine weitere Form von monetären betrieblichen Zusatzleistungen, in seinen Auswirkungen großes Potenzial beherbergt, um daraus eine Zufriedenheit der Mitarbeiter mit dem Arbeitgeber abzuleiten. Eine Wirkung auf die Fluktuationsneigung der Mitarbeiter erfolgt – anders als z.B. bei betrieblicher Altersversorgung – jedoch nicht auf direktem, sondern auf indirektem Weg über die erhöhte Mitarbeiterzufriedenheit und ein besseres Arbeitgeberimage. Die Messbarkeit einer Retentions-Wirkung und daraus abgeleitet eine bewusste Steuerung von entsprechenden Maßnahmen ist objektiv nicht möglich. In der Gesamtheit aller Bemühungen des Arbeitgebers im Rahmen eines Retention-Managements, stellt das Belegschafts-Konzept aber sicherlich einen attraktiven Baustein dar, dem man trotz des Mangels an messbaren Belegen eine Wirkung auf die Zufriedenheit und damit indirekt auch auf die Mitarbeiterbindung nicht absprechen kann. Auf der Suche nach neuen, kostengünstigen Möglichkeiten zur Steigerung ihrer Attraktivität als Arbeitgeber, entdecken erst jetzt zunehmend mehr Unternehmen die Variante der Belegschaftsversicherungen für ihre Mitarbeiter, obwohl das Konzept nicht neu ist.

Auch der Versicherungsmarkt hat sich von der dogmatischen Fokussierung auf Industrieversicherungen gelöst und sieht Wachstumspotenzial im ertragsstarken Privatkundengeschäft, welches durch das beschriebene Konzept zusätzliche Attraktivität erhält. Durch den inzwischen auch in der Versicherungsbranche angekommenen Konsolidierungsdruck überlegen viele Versicherer, sich von Kernaufgaben zu lösen, um durch Outsourcing die Wertschöpfung zu erhöhen. Es gibt bereits Anbieter im Markt, die neben den beschriebenen Aufgaben eines Vermittlers auch weite Teile der Vertragsadministration und des Inkassos übernehmen. Denkt man diese Tendenzen zu Ende, werden Versicherer irgendwann auf die Funktion des reinen Risikoträgers reduziert sein, die u.U. ihre Kunden nur noch von Verrechnungslisten kennen. Der Kontakt zum Kunden wird vom Vermittler geleistet. Diese Entwicklung ist hinsichtlich der Funktionsweise und Attraktivität eines Belegschafts-Konzepts jedoch nicht negativ – im Gegenteil: tritt der Versicherer in den Hintergrund, kann der Arbeitgeber in Kooperation mit dem Vermittler das gewünschte Konzept viel direkter und bzgl. seiner Interessen viel akzentuierter umsetzen.

Der Wissenschaft erwächst nunmehr verstärkt die Aufgabe, Kennzahlen zu entwickeln, die eine Messung der Wirksamkeit von Anreizinstrumenten des Retention-Managements ermöglichen. Eine empirische Studie zur Beurteilung der Retentions-Wirkung vorhandener Belegschafts-Konzepte in den entsprechenden Unternehmen wäre ein erster Schritt.

Anhang

Beispiele für personalpolitische Anreize

monetäre (materielle) Anreize

- Lohn / Gehalt
- Erfolgsbeteiligungen
- betriebliche Sozialleistungen
  - Heirats-/Geburtsbeihilfe
  - Jubiläumsgratifikation
  - Arbeitgeberdarlehen
  - betriebliche Altersvorsorge
  - Versicherungen
  - Dienstfahrzeug
  - etc...

nichtmonetäre (immaterielle) Anreize

- Entwicklungs-/Aufstiegschancen
- Arbeitsplatzgestaltung
- Arbeitszeit-/Pausenregelung
- Individueller Arbeitsinhalt
- Führungspolitik des Unternehmens
- Anerkennung durch Vorgesetzte
- soziale Anreize
  - Unternehmenskultur, /-image
  - Informationspolitik
  - Soziale Kommunikation
  - Gruppenmitgliedschaft

Abbildung 1: Personalpolitische Anreize (selbst erstellt)

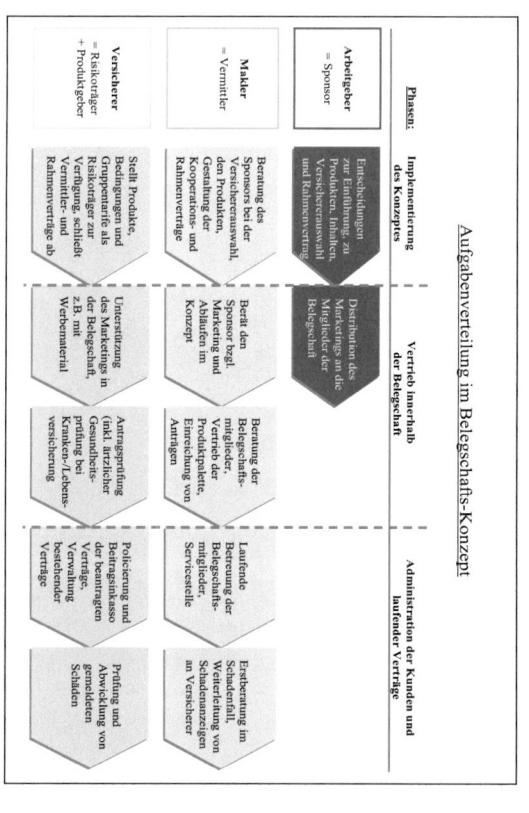

Abbildung 2: Aufgabenverteilung in Belegschafts-Konzept (selbst erstellt)

Gängige Privatversicherungssparten	Beispiele für „Nischen"-Sparten
Sachversicherungen: • Hausrat • Glas • Wohngebäude	• Kunstversicherung • Musikinstrumente-versicherung
Haftpflichtversicherungen: • Privathaftpflicht • Tierhalter • Bauherren • Haus- und Grundbesitzer • Öltank/Gewässerschaden	• Jagdhaftpflicht • Wassersporthaftpflicht • Vermieterhaftpflicht
Kraftfahrzeugversicherungen	• Oldtimer-Versicherung
Rechtsschutzversicherungen	• Vermieter-Rechtsschutz

(Fortsetzung folgende Seite)

Gängige Privatversicherungssparten	Beispiele für „Nischen"-Sparten
Personenversicherungen: • Unfall • Berufsunfähigkeit • Krankenversicherung	• Bauhelfer-Unfall
Private Altersvorsorge: • Kapitallebensversicherung • Risikolebensversicherung • Rentenversicherung (inkl. Basis-Rente/Rürup-Modell und Zulagen-Rente/Riester-Modell)	

Tabelle 1: Liste der Privatversicherungssparten (selbst erstellt)

Literaturverzeichnis

Alterseinkünftegesetz (AltEinkG), in Bundesgesetzblatt Jg. 2004 Teil I Nr. 33, Artikel 8. Zuletzt abgerufen am 09.02.2008 URL: www.bgblportal.de/BGBL/bgbl1f/ bgbl104s1427.pdf

Baldus, Florian (u.a.): Belegschaftsversicherungen bei deutschen Unternehmen, Forschungsprojekt der FH Wiesbaden unter Prof. Dr. Bernhard Heidel. Wiesbaden 2006

DGFP Deutsche Gesellschaft für Personalführung e. V.: Was Arbeitgeber attraktiv macht. Düsseldorf 2004

Duden – Deutsches Universalwörterbuch. Zuletzt abgerufen am 28.12.2008 URL: http://www.dudensuche.de/suche/artikel.php?shortname=fx&artikel_id=7480

Duden – Deutsches Universalwörterbuch. Zuletzt abgerufen am 28.12.2008 URL: http://www.dudensuche.de/suche/artikel.php?shortname=fx&artikel_id=79537

Duden – Deutsches Universalwörterbuch. Zuletzt abgerufen am 28.12.2007 URL: http://www.duden-suche.de/suche/artikel.php?shortname=fx&artikel_id=133996

Duden (2000): Die deutsche Rechtschreibung. 22. Aufl., Mannheim

Farny, Dieter: Versicherungsbetriebslehre. Karlsruhe 1989
ISBN: 3-88487-189-7

Grawert, Achim: Die Motivation der Arbeitnehmer durch betrieblich beeinflussbare Sozialleistungen. München 1989
ISBN: 3-924346-64-X

Hentze, Joachim: Personalwirtschaftslehre 2 / Personalerhaltung und Leistungsstimulation, Personalfreistellung und Personalinformationswirtschaft. 5. überarbeitete und ergänzte Aufl., Bern 1991 / ISBN: 3-258-04398-1

Hus, Christoph / Bathke, Rouben in Frankfurter Allgemeine Zeitung: Den Mitarbeiter ewig binden. Artikel vom 16.06.2007

Kienbaum Management Consultants GmbH (Hrsg.): Kienbaum Retention-Studie 2001. Gummersbach 2002

Koch, Peter (Hrsg.): Gabler Versicherungslexikon. Wiesbaden 1994
ISBN: -3409-18508-9

Kossbiel, Hugo: Personalwirtschaft. In: Bea, F. X. u.a. (Hrsg.): Allgemeine Betriebswirtschaftslehre, Band 3: Leistungsprozess. 9. Aufl., Stuttgart 2006
ISBN: 3-8252-1083-9

Lang, Prof. Dr. Joachim (Hrsg.): Vorteilsbesteuerung im Belegschaftsgeschäft von Versicherungen als Beispiel für die lohnsteuerliche Behandlung von Sondermärkten. Köln 2004

Meyers Lexikon Online 2.0. Zuletzt abgerufen am 28.12.2008
URL: http://lexikon.meyers.de/meyers/Management

Sebald, Harriet / Enneking, Andreas: Towers Perrin Global Workforce Study – Deutschland. Frankfurt 2006

Szebel-Habig, Astrid: Mitarbeiterbindung – Auslaufmodell Loyalität? Mitarbeiter als strategischer Erfolgsfaktor. Weinheim 2004
ISBN: 3-407-36031-2